Inhalt

Paradigmenwechsel bei der Organspende - Gesundheitsbranche will mit sanften Druck Entscheidungslösung umsetzen

Kernthesen

Beitrag

Fallbeispiele

Zahlen und Fakten

Weiterführende Literatur

Impressum

Paradigmenwechsel bei der Organspende - Gesundheitsbranche will mit sanften Druck Entscheidungslösung umsetzen

Anja Schneider

Kernthesen

- Die deutschen Bundestagsfraktionen haben sich darauf geeinigt, dass bei der Organspende eine neue Entscheidungslösung noch in diesem Jahr die bisherige erweiterte Zustimmungslösung ersetzen soll.
- Die Krankenkassen wollen die Versicherten

informieren, zu einer Entscheidung animieren und diese künftig sogar auf der e-Card digitalisieren. In Krankenhäusern sollen eigens geschulte Inhouse-Koordinatoren die Quoten erhöhen.
- Spanien ist in Europa das Vorzeigeland mit der höchsten Spendenbereitschaft, die Deutschen rangieren im Mittelfeld.
- Im vergangenen Jahr warteten rund 12 000 Menschen in Deutschland auf ein Spenderorgan. Ein Drittel hat ein Organ aus dem Eurotransplant-Verbund erhalten.

Beitrag

Paradigmenwechsel bei der Organspende: Entscheidung der Bürger ist gefragt

Zumindest die Abgesandten des Volkes haben sich durchgerungen: das deutsche Zukunftsmodell zum Thema Organspende soll einen Einstieg in die Entscheidungslösung und einen Ausstieg aus der erweiterten Zustimmungslösung bringen. Die Bundestagsfraktionen haben sich mit Bundesgesundheitsminister Daniel Bahr am 24.

November 2011 darauf verständigt, dass jeder Bürger mindestens einmal in seinem Leben mit der Frage konfrontiert werden soll, ob er nach seinem Tod bereit ist, seine Organe zu spenden oder nicht. Die Bürger und Bürgerinnen sollen sich künftig also outen und die Entscheidung im Ernstfall nicht den Angehörigen und Ärzten überlassen. Dies nämlich ist die Folge der bisher gelebten Zustimmungslösung. Bei ihr müssen sich die Angehörigen eines gerade gestorbenen Familienmitglieds zum bekannten oder mutmaßlichen Willen des Verstorbenen äußern. Zumeist können sich die Angehörigen dabei nicht auf einen schriftlich fixierten Willen des Verstorbenen beziehen. Nur wenige Menschen in Deutschland tragen einen halbwegs aktuellen Organspendeausweis bei sich. Zwar sind laut Umfragen fast 70 Prozent der Menschen bereit nach ihrem Tod Gewebe oder Organe zu spenden, doch nur 25 Prozent haben dies in einem Organspendeausweis auch tatsächlich dokumentiert. (1)

Die Spendenbereitschaft der Deutschen ist prinzipiell hoch, was selbst vom Ausland immer wieder gewürdigt wird. Zum Jahresende schnellt sie dann dank diverser TV-Spendengalas noch einmal in die Höhe. Doch während das bare Geld gern mal locker sitzt, halten sich die Deutschen bei der Spende ihrer Organe im Todesfall sehr zurück. Das belegen die Zahlen, die die Deutsche Stiftung

Organtransplantation (DSO) vorgelegt hat: Derzeit warten rund 12 000 Menschen in Deutschland auf ein Spenderorgan. Ein Drittel, exakt 4 054 Patienten, haben im vergangenen Jahr ein Organ aus dem Eurotransplant-Verbund erhalten. Rund 1 200 Menschen haben Organe gespendet, das waren 7,4 Prozent weniger als im Vorjahr. Auch die Zahl der gespendeten Organe war rückläufig: sie ging um 7,1 Prozent auf 3 917 zurück. Am meisten gespendet werden Nieren und Leber. (2), (3), [Abb. 1]

Mit sanften Druck will Gesundheitsbranche an Umsetzung arbeiten

Wird die neue Regelung Gesetz, ist die Gesundheitsbranche aufgerufen Aufklärungsarbeit zu leisten. Gezwungen werden soll freilich in Deutschland keiner. Doch sanften Nachdruck wollen Politik und Gesundheitswesen künftig doch aufbauen. Auch ein Nein zur Organspende wird akzeptiert, Hauptsache die Bürger und Bürgerinnen äußern sich. Wie wollen die Gesundheitsakteure die voraussichtlich Anfang 2012 verabschiedete neue gesetzliche Grundlage umsetzen? Die Krankenkassen wollen aktiv werden. Informationsbroschüren werden verteilt. Bei der Ausgabe von Personaldokumenten sollen die Deutschen zum Thema informiert und mit der Frage nach ihrer Spendenbereitschaft konfrontiert werden. Bestens geeignet dafür wäre die Versichertenkarte, die die Krankenkassen in regelmäßigen Abständen verschicken. In Zukunft ist vorstellbar, dass die geäußerte Entscheidung auf der elektronischen Gesundheitskarte gespeichert wird. Die Krankenhäuser wollen ihren Beitrag leisten. Eingerichtet wurden und werden speziell geschulte ärztliche Mitarbeiter, so genannte Inhouse-Koordinatoren, die eng mit den Klinikärzten und der Deutschen Stiftung Organtransplantation (DSO) zusammenarbeiten. Das Wissen von Ärzten und Pflegern soll besser werden, ebenso die organisationsinternen Prozesse. (4), (5), (6)

Das Ausland als Vorbild?

Wie handhaben andere Länder das heikle Thema Organspende? Da gibt es zum einen deutliche Unterschiede in der gesetzlichen Regelung, zum anderen gewaltige Grauzonen.

Spanien wird weltweit als Vorzeigeland der Organspendenbereitschaft gelobt wird. Dort muss im Grunde nicht viel gefragt werden, denn es gilt die Widerspruchsregel. Sie besagt, dass prinzipiell jeder zum Organspender werden kann, es sei denn er spricht sich vor seinem Tod ausdrücklich dagegen aus. Die Zahlen geben diesem Modell recht: Derzeit kommen in Spanien jährlich rund 32 Organspenden auf eine Million Einwohner. Zum Vergleich: in Deutschland waren es 2010 nur 15,9, also halb so viele. (2009 waren es in Spanien sogar 34,4, in Deutschland 14,9). Erwähnt sei, dass bei den Spaniern die Familie grundsätzlich gefragt und somit letztlich die erweiterte Zustimmungslösung praktiziert wird. Allerdings lehnen nur etwa 15 Prozent der Angehörigen in Spanien die Organspende nach dem Tod ab. Zum Vergleich: in Deutschland und in Großbritannien sind es etwa vierzig Prozent. Dafür gibt es in Spanien deutlich mehr tödliche Verkehrsunfälle als in Deutschland oder Großbritannien. Und in den Krankenhäusern ist eine hohe Zahl an Transplantations-Koordinatoren aktiv. Die Regelung gilt in Spanien prinzipiell auch für Ausländer. Wer sich also nicht abhängig machen will von der Moral der spanischen Ärzte, sollte in seinen Urlaub vorsichtshalber einen Organspendeausweis mitnehmen, auf dem ein klares Ja oder Nein zur Organentnahme im Todesfall festgehalten ist. (7), (8), [Abb. 2], [Abb. 3]

Auch Großbritannien ist bestrebt, die Zahl der Organspenden zu erhöhen. In Abstimmung mit der Regierung setzte sich der National Health Service Blood and Transplantation (NHSBT) 2006 ein konkretes Ziel: die Zahl verpflanzter Organe sollte in fünf Jahren um fünfzig Prozent steigern. 14 Millionen britische Pfund wurden in das Programm investiert. Die Maßnahmen: ein konsequentes Monitoring von potentiellen Organspendern, eine angemessene Vergütung der Organspende für die Kliniken, ein verpflichtendes Training aller in den Spendeprozess involvierten Mitarbeiter und die Implementierung von Explantationsteams, die rund um die Uhr zur Verfügung stehen. Der Erfolg: Die Zahl der postmortalen Organspender kletterte um gute 20 Prozent von 809 im Jahr 2007 auf 1 010 im vergangenen Jahr. Hinzuzufügen ist, dass zuvor die Spenderzahl in Großbritannien deutlich niedriger war als in Deutschland und dass dort auch Organentnahmen kurz nach Herzstillstand (so genannte Non-heart-beating donors) möglich sind. Das ist in Deutschland verboten. Hier muss zweifelsfrei der Hirntod diagnostiziert werden. (8)

Die Widerspruchsregelung gilt übrigens auch in Italien und Österreich. In Österreich kann man sich als Ausländer in ein Widerspruchsregister des österreichischen Bundesinstituts für Gesundheitswesen eintragen lassen. Belgien, Finnland und Norwegen haben die Widerspruchsregelung um ein Einspruchsrecht der Angehörigen erweitert, in Frankreich und Schweden werden die Angehörigen informiert, haben aber keinen Einfluss. (9)

Gegner der Organspende finden genügend Munition, wenn sie ins Ausland schauen. Immer wieder machen Meldungen über illegalen Organhandel und einen Transplantations-Tourismus Schlagzeilen. Ans Tageslicht kommen Fälle, in denen vor allem Nieren auf dem grauen Markt gehandelt werden. Die Spender stammen oft aus armen Bevölkerungsschichten, die den Verlust einer Niere in Kauf nehmen, um bares Geld für ihre Familien zu erhalten. Erst Mitte des vergangenen Jahres wurden im Kosovo zwei mutmaßliche Organhändler festgenommen, die den Spendern für 15 000 Euro Nieren entnommen und diese für bis zu 100 000 Euro weiterverkauft haben sollen. Derzeit geht eine Ermittlungsgruppe der Europäischen Union Vorwürfen gegen den amtierenden Regierungschef des Kosovo, Hashim Thaci, nach. Er ließ während des Krieges serbische Gefangene und kosovarische Dissidenten verschleppen, Organe entnehmen und verkaufen, so lauten die Anschuldigungen. (10)

Gründe für geringe Organspendenzahl

Meldungen dieser Art schüren die Angst der Menschen, einer Entnahme ihrer Organe nach ihrem Tod zuzustimmen. Viele sind unsicher und zweifeln: Wenn man einen Ausweis hat, wird dann trotzdem noch alles getan, um das Leben zu retten? Was bedeutet Hirntod, gibt es dann wirklich keine Chance mehr auf Leben? Wer erhält meine Organe? Welcher Mensch lebt weiter mit den Organen meines verstorbenen Partners, meines toten Kindes? Wie wird der Empfänger ausgewählt? Ist er drogensüchtig? Wie groß sind die Erfolgsaussichten der Transplantation? Wie lange kann der Empfänger mit den Organen weiterleben? Stimmt das, was die Ärzte sagen, überhaupt? Viele befürworten zwar die Organspende, tun aber nie den Schritt, einen Ausweis zu organisieren, ihn auszufüllen, ihn dann und wann zu aktualisieren und ihn immer bei sich zu tragen. Ein anderer Grund für die geringe Zahl von Spenderorganen ist die zunehmende Zahl von Patientenverfügungen, die unspezifisch lebenserhaltende intensivmedizinische Interventionen ablehnen. Zu berücksichtigen ist auch, dass in Deutschland die Verkehrssicherheit zugenommen hat, es gibt weniger tödliche Autounfälle und die ärztliche Versorgung hat sich verbessert. Auch organisatorische Gründe sind ursächlich; die Prozesse zur Organentnahme sind komplex und die Zusammenarbeit zwischen Krankenhäusern und DSO vielfach noch nicht optimal. Hier setzen Projekte der Inhouse-Koordinatoren an. Die internationale Pharmaindustrie begrüßt jedwede Aktion, die die Zahl der zur Transplantation zur Verfügung stehender Organe erhöht. Deutschland hat es mit seiner Organspendewende prompt ins Editorial der renommierten Fachzeitschrift Lancet geschafft: Der Vorschlag, die freie Entscheidung der deutschen Bürger und Bürgerinnen auf der elektronischen Gesundheitskarte zu dokumentieren, wird aufgegriffen als eine von international zahlreichen Bemühungen, Menschen zur Willensäußerung zu motivieren. (2), (11)

Trends

Künstliche Überbrückung

Der medizintechnische Fortschritt kann die fehlenden Spenderorgane teilweise ausgleichen oder zumindest Wartezeiträume überbrücken. Dies zeigt das Beispiel der Kunstherzen, die in zunehmender Anzahl implantiert werden. (12)

Fallbeispiele

Projekt Inhousekoordination

Das Bundesgesundheitsministerium, die Stiftung

Organtransplantation (DSO) und die Deutsche Krankenhausgesellschaft (DKG) haben 2010 das Projekt "Inhousekoordination" aufgesetzt. 112 Unikliniken und Krankenhäuser mit neurochirurgischen Intensivstationen nehmen teil. Ziel ist es, krankenhausindividuelle Verbesserungsvorschläge zu erarbeiten, um die Kenntnisse von Ärzten und Pflegern sowie die organisatorische Struktur so zu verbessern, dass Spenderpotenziale besser ausgeschöpft und somit die Zahl der Organspenden erhöht werden. Inzwischen liegen erste Ergebnisse vor, die die Erwartungen allerdings noch nicht ganz erfüllen. In den ersten drei Quartalen 2011 ist die Zahl postmortaler Spender im Vergleich zum Vorjahreszeitraum allerdings gesunken. So auch am Uniklinikum des Saarlandes. Trotz guter Umsetzung der Inhouse-Koordination ist die Zahl der Spender von 15 auf 5 zurückgegangen. Immer mehr Angehörige haben der Entnahme nicht zugestimmt. (5), (8)

Neue Regelung findet Akzeptanz bei Bevölkerung

Die geplante neue Entscheidungslösung könnte bei den Bürgern und Bürgerinnen auf Akzeptanz stoßen. Daraufhin deuten zumindest die Ergebnisse einer Umfrage, die die Barmer-GEK und die Bertelsmann-

Stiftung am 8. Dezember 2011 in Berlin vorstellten. 69 Prozent der Befragten gehen davon aus, dass die Bereitschaft zur Organspende aufgrund des Vorschlags in Zukunft höher sein wird. (13)

Werbeaktion der Techniker Krankenkasse (TK)

Die Techniker Krankenkasse (TK) wirbt in Brandenburg mit Unterstützung des Landesgesundheitsministeriums für eine Dokumentation der Organspendebereitschaft. Dazu informiert eine Informationsbroschüre der TK über Organspenden. (14)

Mecklenburg-Vorpommern überdurchschnittlich spendenbereit

In Mecklenburg-Vorpommern liege die Bereitschaft mit 20 Spendern pro einer Million Einwohner um 25 Prozent über dem Bundesdurchschnitt. Zurückgeführt wird dies auf die intensive Kommunikation zwischen den Krankenhäusern, ihren transplantationsbeauftragten Ärzten und den Transplantationszentren in Mecklenburg-

Vorpommern. (15)

Fußballbundesligisten unterstützen Aktionsbündnis Organspende

Die DSO und die AOK Rheinland/Hamburg haben Ende Oktober 2011 das Aktionsbündnis Organspende im Rheinland ins Leben gerufen. Die Fußball-Bundesligisten Bayer 04 Leverkusen, Borussia Mönchengladbach und 1. FC Köln unterstützen das Bündnis durch Aktionen in den Stadien zugesagt. Rudi Völler, Sportdirektor von Bayer 04 Leverkusen, ist zuversichtlich, dass das Aktionsbündnis Organspende im Rheinland die Menschen wachrüttelt. (6)

Zahlen & Fakten

Abbildung 1: Organspenden nach Organen 2010

Organ	Anzahl*
Niere	2.937

Leber	1.282
Herz	393
Lunge	298
Bauchspeicheldrüse	163
Dünndarm	10
Gesamt	5.083

* Inklusive Lebendspenden

Quelle: Deutsche Stiftung Organtransplantation (DSO)

Entnommen aus: Süddeutsche Zeitung, 27.09.2011, S. 5 (16)

Abbildung 2: Top Organspender Länder

Rang	Land	Organspender 2009 - Anzahl je Million Einwohner
1	Spanien	34,4
2	Estland	24,6
3	USA	21,9
4	Italien	21,3
5	Norwegen	21,1
6	Malta	20,0

7	Tschechien	19,2
8	Island	18,8
9	Finnland	17,6
10	Kroatien	17,4
11	Irland	16,5
12	Großbritannien	15,5
13	Deutschland **	14,9

** 2010: 15,9

Quelle: Deutsche Stiftung Organtransplantation (DSO)

Entnommen aus: Wirtschaftswoche, 19/2011, S. 137 (17)

Abbildung 3: Top-Bundesländer nach Organspendebereitschaft

Rang	Bundesland	Organspender 2009 je Million Einwohner
1	Hamburg	25,3
2	Mecklenburg-Vorpommern	20,5
3	Thüringen	19,9
4	Brandenburg	19,1
5	Sachsen-Anhalt	19,0
6	Berlin	18,6

7	Bremen	18,2
8	Sachsen	16,5
9	Bayern	15,7
10	Saarland	15,6

Quelle: Deutsche Stiftung Organtransplantation (DSO)

Entnommen aus: Focus, 16/2010, S. 13 (18)

Weiterführende Literatur

(1) Organspende - Einigung auf Entscheidungslösung: Tragfähiger Kompromiss
aus Deutsches Ärzteblatt 48/108 vom 02.12.11 Seite 2573

(2) Zahl der Organspender sinkt um sieben Prozent
aus Ärzte Zeitung Nr. 4 vom 13.01.2012, Seite 1

(3) Bürger setzen auf Neuregelung
aus PZ Pharmazeutische Zeitung vom 15.12.2011 Seite 8

(4) Elektronische Gesundheitskarte - Lange auf Wiedervorlage, jetzt läuft Roll-out

aus GENIOS BranchenWissen Nr. 12 vom 19.12.2011

(5) Der mühsame Weg zu mehr Organtransplantationen
aus Ärzte Zeitung Nr. 4 vom 13.01.2012, Seite 3

(6) Aktionsbündnis Organspende im Rheinland
aus das Krankenhaus Heft 1/2012 S. 68

(7) Transplantationsrekord in Spanien
aus Ärzte Zeitung Nr. 222 vom 08.12.2011, Seite 4

(8) Zähes Ringen um mehr Organspenden
aus Ärzte Zeitung Nr. 209 vom 21.11.2011, Seite 12

(9) Organspende: Ausweis sinnvoll
aus Ärzte Zeitung Nr. 209 vom 21.11.2011, Seite 12

(10) Organhandel: Ermittlungen und Festnahmen im Kosovo
aus Deutsches Ärzteblatt 25/108 vom 24.06.11 Seite 1406

(11) Organspende: Jetzt werden die Weichen gestellt
aus Deutsches Ärzteblatt 43/108 vom 28.10.11 Seite 2249

(12) Weil Spenderherzen fehlen: Renaissance der Kunstherzen
aus Ärzte Zeitung Nr. 211 vom 23.11.2011, Seite 14

(13) Organspende: Bevölkerung beurteilt den Kompromiss positiv
aus Deutsches Ärzteblatt 50/108 vom 16.12.11 Seite

2688

(14) TK startet Kampagne zur Organspende
aus Ärzte Zeitung Nr. 220 vom 06.12.2011, Seite 9

(15) KGMV: Organspendenbereitschaft überdurchschnittlich. Bereitschaft in Mecklenburg-Vorpommern überdurchschnittlich
aus das Krankenhaus Heft 1/2012 S. 12 - 14

(16) D: Organspende 2010
aus Sueddeutsche Zeitung, 27.09.2011, S. 5

(17) International: Bereitschaft zur Organspende 2009
aus Wirtschaftswoche, 19/2011, S. 137

(18) D: Organspendebereitschaft der Bevölkerung 2009
aus Focus, 16/2010, S. 13

Impressum

Paradigmenwechsel bei der Organspende - Gesundheitsbranche will mit sanften Druck Entscheidungslösung umsetzen

Bibliografische Information der deutschen Nationalbibliothek

Die Deutsche Nationalbibliothek verzeichnet diese Publikation in der deutschen Nationalbibliografie; detaillierte bibliografische Daten sind im Internet über http://dnb.d-nb.de abrufbar.

ISBN: 978-3-7379-2771-0

© 2015 GBI-Genios Deutsche Wirtschaftsdatenbank GmbH, Freischützstraße 96, 81927 München, www.genios.de

Alle Rechte vorbehalten. Dieses Werk ist einschließlich aller seiner Teile – z.B. Texte, Tabellen und Grafiken - urheberrechtlich geschützt. Jede Verwertung außerhalb der Grenzen des Urheberrechtsgesetzes bedarf der vorherigen

Zustimmung des Verlags. Dies gilt insbesondere auch für auszugsweise Nachdrucke, fotomechanische Vervielfältigungen (Fotokopie/Mikroskopie), Übersetzungen, Auswertungen durch Datenbanken oder ähnliche Einrichtungen und die Einspeicherung und Verarbeitung in elektronischen Systemen.